LES VIOLATIONS

DE LA

CONVENTION DE GENÈVE

PAR LES FRANÇAIS

EN

1870—1871.

DÉPÊCHES, PROTOCOLES, RAPPORTS etc.

BERLIN

ÉDITEUR CHARLES DUNCKER

(C. HEYMONS)

1871.

DÉPÊCHES

DU

CHANCELIER FÉDÉRAL, COMTE DE BISMARCK,

ADRESSÉES

AUX AGENTS DIPLOMATIQUES DE LA CONFÉDÉRATION A L'ÉTRANGER.

I.

Versailles, le 9. janvier 1870.

Vous avez remarqué comme moi dans les journaux un document signé du comte Chaudordy, qui est rempli d'accusations contre les chefs de l'armée allemande et contre leurs troupes, et dont les puissances neutres, dit-on, auraient reçu communication au nom du gouvernement de la défense nationale. Que cette communication ait eu lieu réellement, je l'ignore et je pourrais presque en douter, tant il est visible que la pièce a été faite pour le public français et calculée pour les besoins d'une partie de la presse des autres pays qui est animée de sentiments hostiles à notre égard. Il est difficile de croire que le comte Chaudordy et les personnes qui l'ont chargé de cette tâche puissent supposer chez un gouvernement la même ignorance des choses de l'étranger sur laquelle il leur est possible, en France, de fonder leurs calculs. Dans d'autres pays on est habitué à prendre pour sujet d'étude et d'observation l'état de culture des peuples étrangers. Le monde entier sait quelle est l'instruction et quels sont ses fruits en Allemagne et en France; il voit chez nous l'obligation universelle du service militaire, chez nos adversaires la conscription avec rachat; il sait quels éléments dans les armées allemandes se trouvent vis-à-vis des remplaçants, des turcos, des compagnies de discipline; il se rappelle l'histoire des guerres précédentes, et maintes contrées savent par leur propre expérience, de quelle façon les troupes françaises ont l'habitude de se conduire en pays ennemi. Les représentants de la presse européenne et américaine auxquels nous avons donné volontiers accès près de nous, ont observé et attesté combien le soldat allemand sait allier l'humanité avec la bravoure, combien l'on hésite chez nous à exécuter les mesures rigoureuses, mais autorisées par le droit des gens et l'usage de la guerre, que le commandement des armées allemandes se voit obligé de prendre, y étant contraint par la manière dont agissent les Français au mépris du droit des gens et par la nécessité de protéger ses propres troupes contre l'assassinat. Même avec les plus grandes et les plus persistantes altérations de la vérité, on n'a pas réussi à obscurcir ce fait que ce sont les Français qui ont donné à cette guerre le caractère que chaque jour doit accentuer plus vivement et plus généralement. Déjà il y a quelques mois, quand nous avions pu nous convaincre par des exemples réitérés que les troupes françaises méprisaient systématiquement le droit des gens général et les conventions particulières où la France même a été partie contractante, — quand nous les avions vues fréquemment, on peut presque dire régulièrement faire feu sur nos parlementaires et exercer contre des médecins, contre des ambulances les hostilités les plus contraires aux traités et aux mœurs civilisées, — je Vous ai prié de faire entendre une protestation sur ce sujet au gouvernement près lequel Vous êtes accrédité. Pendant la période de temps qui s'est écoulée depuis lors, non seulement nous avons pu rassembler les pièces à l'appui jusqu'alors réservées par devers nous, mais nous avons eu à constater une longue série de faits analogues.

Dans les circonstances ne permettant pas d'admettre qu'il y ait eu de la part des troupes françaises méprise ou accident, il est arrivé 21 fois (énumérées dans le *Tableau I)* que sur nos parlementaires portant un drapeau blanc et accompagnés d'un trompette qui sonnait de son instrument on ait tiré soit avec des fusils, soit avec des grenades, parfois des coups isolés, parfois aussi des salves. Quelques trompettes ont été tués ainsi, des porte-drapeaux ont été blessés. Les procès-verbaux authentiques où ces cas sont constatés se trouvent entre mes mains et seront imprimés.

Après la bataille de Wissembourg on reconnut, — comme Vous vous rappelerez l'avoir lu dans ma dépêche du 27 septembre de l'an dernier, — que non seulement les blessés qui étaient nos prisonniers, mais les médecins militaires français du plus haut grade ne savaient rien de la Convention de Genève, et que quelques-uns de ces derniers, lorsqu'ils eurent connaissance de la dite Convention par les délégués allemands, se faisaient à eux-mêmes d'une manière insuffisante et méconnaissable l'insigne prescrit. Nous devons, à la vérité, être moins surpris de ce fait depuis que nous avons appris, — par les dépêches officielles de juillet et d'août derniers, que le gouvernement actuel de Paris a livrées à la publicité, — combien la France était incomplétement préparée pour une guerre depuis si longtemps méditée et entreprise avec tant d'audace. Peu à peu du côté des Français on s'est si bien familiarisé avec la Convention de Genève que l'on sait en réclamer les avantages dans une complète mesure; mais pour ce qui est des devoirs correspondants, il n'a pas été fait de progrès. Tandis que nous avons à cœur d'exécuter même celles des prescriptions de la Convention de Genève qui nous semblent ne pas atteindre le but proposé, — de les exécuter au prix de grandes incommodités et de désavantages militaires, tandis que plus de cent militaires, ici même, dans la ville où se trouve le quartier-général, jouissent, comme médecins ou garde-malades, de la plus complète liberté de mouvement, tandis que des délégués français obtiennent accès dans les dépôts de prisonniers en Allemagne (bien qu'il fût à présumer, et cette présomption semble se justifier, qu'une telle circulation dût avoir pour suites des complots et des trahisons), — du côté des Français on a continué jusqu'à ces derniers jours d'attaquer les ambulances et les lieux de pansement, de maltraiter et de dépouiller les médecins, les délégués, les aides de lazareth, les porteurs de malades, d'assassiner les blessés, — et lorsque des médecins sont tombés au pouvoir des troupes ennemies, il n'est pas rare qu'on leur ait infligé de mauvais traitements, qu'on les ait emprisonnés; dans le cas le plus heureux, ils ont été dévalisés et conduits, avec d'extrêmes fatigues, jusqu'à la frontière suisse ou italienne. Au milieu du mouvement continuel des troupes et des colonnes de santé il n'a pas encore été possible de constater authentiquement tous les cas connus par ouï dire; tirés de l'abondante matière qui existe en ce genre les exemples brièvement cités dans le *Tableau II* pourront suffire. Seulement je ne puis me refuser de relater tout de suite ici littéralement un témoignage, — celui du médecin suisse, Dr Burkhard, — daté de Puiseaux, le 18 décembre:

»La convention de Genève a été fréquemment «violée dans les combats dont la forêt d'Orléans «a été le théâtre. J'ai vu, le 30 novembre, un «médecin militaire français qui, non seulement «au dire de prisonniers français, mais d'après «son propre aveu même, avait tué avec son re«volver nombre de prisonniers prussiens.

«Beaucoup de francs-tireurs, — nous ont dit «de nombreux blessés, — dans les mouvements «de retraite ont tiré de leur poche le brassard «de Genève. Il est fréquemment arrivé qu'ils «fissent feu sur les blessés.»

Un mépris si persistant de la Convention de Genève a forcé les gouvernements allemands alliés d'examiner dans quelle mesure désormais cette Convention les liaient eux-mêmes vis-à-vis de la France. Outre les faits mentionnés dans ma circulaire du 27 septembre dernier, il a été commis du côté français des actes d'autre sorte, non moins contraires aux traités, au droit des gens et aux usages de la guerre parmi les peuples civilisés. Dans la bataille de Wœrth on remarqua que des balles de fusil s'enfonçaient dans le sol et qu'ensuite avec un bruit d'explosion très distinct elles faisaient sauter la terre autour d'elles. Immédiatement après cette observation le colonel de Beckedorff fut blessé gravement par une balle explosive. Un projectile du même genre a atteint (dans le combat près de Tours, le 20 décembre dernier) le lieutenant de Œrtzen du 2ème régiment de ulans poméraniens. Les recherches poursuivies à cet égard et non encore terminées ont fait découvrir parmi les munitions prises dans Strasbourg des balles explosibles pour le fusil dit *à tabatière*. Je me réserve en ce qui concerne les infractions à la Convention de Saint-Pétersbourg d'adresser une communication spéciale aux signataires de cette Convention. Mais il est bon, dès à présent, de rappeler qu'un commandant français a accusé les troupes badoises — qui ont aussi peu que les autres troupes allemandes, fait usage de balles explosives pour leurs armes à feu de main, — de se servir de balles de cette nature contrairement à la dite Convention, et a officiellement menacé en conséquence les populations badoises, **même les femmes**, de leur faire subir le sort duPalatinat sous Louis XIV.

Pour citer un autre fait ayant une proche parenté avec cette manière de combattre, — l'on a trouvé dans la poche de prisonniers français un genre de cartouches dont le projectile se compose d'une balle de plomb taillée en 16 morceaux anguleux, et plus, qui ont été de nouveau réunis ensemble. Un des nombreux exemplaires qu'on nous a livrés de ce projectile, — semblable en ses effets au plomb haché, — a été envoyé au ministère des affaires étrangères à Berlin et mis sous les yeux de MM. les représantants des autres puissances.

Dans la guerre maritime, également, les Français se mettent au dessus du droit des gens. Le vapeur de guerre français, *Desaix,* au lieu de conduire dans un port de France trois navires de commerce allemands: *Ludwig, Vorwärts* et *Charlotte,* qu'il avait capturés et de faire rendre à leur égard une sentence par le tribunal des prises, a détruit ces bâtiments en pleine mer soit en les brûlant, soit en les coulant à fond. Les navires allemands auront ordre en conséquence d'user de représailles à l'égard des bâtiments français.

On ne peut s'étonner ensuite si les chefs du gouvernement français, qui ont si peu de respect pour la loi et les traités, hésitent encore moins à braver les mœurs des peuples actuels et à remonter aux façons d'agir d'une période de civilisation déjà très reculée, — voire même à approuver des choses qui dans tous les temps et chez tous les peuples où existe une notion d'honneur, non pas même la plus raffinée, ont été considérées comme particulièrement ignominieuses.

Comment les prisonniers français, dont un nombre sans exemple est tombé entre nos mains et à notre charge, sont traités en Allemagne, blessés et malades, ou bien portants, c'est ce qu'ont pu juger par leurs yeux des personnes d'États neutres qui se donnent la mission de soigner des malades, et elles en ont spontanément rendu un témoignage public signé de leurs noms. Les prisonniers allemands en France, bien qu'ils n'atteignent pas la dixième partie du nombre des prisonniers français, ont été dans maint endroit traités avec une dureté inhumaine et ont manqué de tous soins. Un transport d'environ 300 «prisonniers malades» bavarois qui se trouvaient dans les lazareths d'Orléans, la plupart atteints du typhus ou de la dyssenterie ou blessés, ont été entassés pêle-mêle dans les cellules et les corridors de la prison à Pau avec une botte de paille comme litiére, et pendant six jours ils n'ont obtenu que du pain et de l'eau, jusqu'à ce que des dames anglaises et allemandes se soient intéressées à leur sort, les aient secourus avec leurs propres ressources et aient décidé l'autorité locale, malgré son mauvais vouloir, à prendre quelque soin d'eux. En d'autres lieux, les prisonniers allemands, particulièrement ceux qui sont tombés aux mains de l'armée du général Faidherbe, ont été tenus, par un froid de 16 degrés, dans des greniers sans feu; on ne les a pourvus ni de couvertures, ni d'une nourriture chaude ou suffisante, tandis qu'en Allemagne tous les locaux destinés à recevoir des prisonniers de guerre sont garnis de poëles depuis le commencement de l'hiver. Les équipages des navires de commerce allemands ont été non seulement retenus comme prisonniers de guerre, mais traités d'abord comme des malfaiteurs, attachés deux à deux avec de chaînes, transportés de lieu en lieu, et n'ont reçu, chacun d'eux, qu'une alimentation qui comme qualité et quantité ne suffisait pas à nourrir un homme. L'un des civils faits prisonniers contre tout droit, s'étant pleint de ce qu'on retenait l'argent qui lui avait été envoyé, il lui fut répondu officiellement, par écrit, qu'envers les prisonniers on n'était tenu à nul égard. — Encore aujourd'hui, les prisonniers transportés à travers les villes, n'ont aucune protection, excepté à Paris, contre les indignes traitements que leur fait essuyer la population. En Allemagne, il n'y a pas d'exemple que la population ait manqué, même par des paroles blessantes, au respect que le malheur trouve chez les peuples civilisés. Malgré les barbaries commises par les Turcos, aucun d'eux en Allemagne n'a été insulté, encore moins maltraité.

Les cruautés exercées sur des blessés par les Turcos et les Arabes et leurs affreuses bestialités leur sont moins imputables à eux-mêmes, vu leur degré de civilisation, qu'à un gouvernement européen qui amène sur le théâtre d'une guerre européenne ces hordes africaines, dont il connaît parfaitement les habitudes. Le *Journal des Débats* a conservé assez les sentiments de l'humanité et de la honte pour s'indigner de ce que des Turcos aient commis sur des blessés et des prisonniers cette atrocité de leur faire sauter avec le pouce les yeux hors de la tête. Mais l'*Indépendance algérienne* et après elle d'autres feuilles françaises ont adressé aux troupes mercenaires africaines nouvellement formées, — aux *Goums*, — en leur recommandant de faire incursion en Allemagne, les exhortations suivantes:

> «Nous vous connaissons, nous apprécions vo-
> «tre courage, nous savons que vous êtes éner-
> «giques, entreprenants, impétueux; allez, et cou-
> «pez les têtes; plus vous en couperez, plus no-
> «tre estimes pour vous augmentera. . . . Arrière
> «la pitié! Arrière les sentiments d'humanité!
> «Les goums seront à la hauteur de leur tâche;
> «il suffit que nous leur lâchions la bride, en leur
> «disant: Mort, pillage et incendie!» — —

On peut mettre au compte de Turcos que non seulement des cadavres, mais des blessés aussi, dans le village de Coulours près Villeneuve-le-Roi ont eu la tête coupée, et, dans le village d'Auxon près Troyes et en d'autres lieux, le nez et les oreilles.

Peut-être faut-il attribuer aux longues relations avec Alger et les descendants des Barbaresques le fait que les autorités françaises permettent, prescrivent même à leur concitoyens des actes qui sont la négation des coutumes de la guerre chez les peuples chrétiens et du sentiment de l'honneur militaire. Tandis que chez les autres nations de l'Europe le soldat met son honneur à faire connaître à ceux qu'il combat ce qu'il est comme ennemi, le préfet du département de la Côte d'or, *Luce-Villiard*, par exemple, a adressé le 21 novembre dernier aux sous-préfets et maires une circulaire où il recommande l'assassinat commis par ceux qui ne portent pas l'uniforme, et le célèbre comme héroïque:

« La patrie », est-il dit dans cette circulaire, « ne « vous demande pas de vous réunir en masse et de « vous opposer ouvertement à l'ennemi; elle attend de « vous que chaque matin trois ou quatre hommes ré- « solus partent de leur commune et se postent à un « endroit désigné par la nature elle-même d'où ils puis- « sent tirer sans danger sur les Prussiens. Ils ont « avant tout à faire feu sur les cavaliers ennemis dont « les chevaux doivent être remis au chef-lieu de l'ar- « rondissement. Je leur décernerai une prime et ferai « publier leur action héroïque dans toutes les feuilles « départementales ainsi qu'au *Moniteur officiel.* «

On constate une absence complète non seulement du sentiment d'honneur militaire, mais aussi de l'honnêteté la plus vulgaire chez les détenteurs actuels du pouvoir à l'égard de la violation d'engagement d'honneur commise par des officiers français, violation sur laquelle je me suis exprimé dans ma circulaire du 14 décembre. J'y ai fait remarquer qu'il importe moins de condamner un nombre relativement restreint d'officiers français en rupture de parole d'honneur après avoir obtenu sous serment la liberté de leurs mouvements dans l'enceinte d'une ville allemande, — que d'apprécier à ce sujet les procédés d'un gouvernement qui approuve par le fait ce parjure en recevant dans l'armée ceux qui s'en sont rendus coupables, et qui excite au manque de parole par ses agents, par des primes offertes. Un décret du ministre de la guerre, en date du 13 novembre, tombé entre les mains de nos troupes, — *désirant encourager les officiers à s'échapper des mains de l'ennemi,* — promet à tout officier qui s'évadera d'Allemagne une gratification de 750 francs, sans préjudice des indemnités pour pertes éprouvées, — lesquelles sont assurées par des dispositions antérieures.

Un gouvernement qui compterait rester à la tête

du pays dans des circonstances normales, mépriserait de pareils moyens, dans l'intérêt de l'avenir de sa patrie. Mais la dictature qui, par un coup de main, s'est emparée du pouvoir en France et qui n'est reconnue ni par les puissances européennes, ni par la nation française, ne compte avec l'avenir du pays qu'autant que ses intérêts et ses passions le lui permettent. Les détenteurs du pouvoir, à Paris comme à Bordeaux, font taire le vœu manifesté hautement par le peuple de pouvoir faire connaître sa volonté; c'est avec la même violence qu'ils suppriment la liberté de la parole et de la presse; par le terrorisme d'un arbitraire impossible dans tout autre pays, ils forcent le peuple à donner son argent et son sang, à prolonger la guerre, parce qu'ils prévoient que la fin de la lutte sera celle de leur usurpation. Un tel régime, pour se maintenir, a besoin d'attiser sans cesse les passions publiques et l'irritation réciproque des deux peuples en lutte, car il lui faut la guerre pour perpétuer sa domination sur ses concitoyens. Dans ce but on fait la guerre d'une façon que réprouvent les idées morales de notre temps et avec laquelle — sans parler même des indigènes d'Afrique admis dans l'armée française — des fractions notables de cette armée ont pu être assez familiarisées dans des expéditions d'outre mer, pour que leur oubli des usages de la guerre ne soit pas condamné universellement par les traditions militaires de la France. Si les détenteurs du pouvoir en France avaient l'intention, non pas de fomenter la haine des deux nations en guerre, mais de rendre possible le rétablissement de la paix, ils accorderaient au peuple français la possibilité d'apprendre la vérité par la voie infaillible de la presse libre, et d'exprimer lui-même son opinion; ils s'empresseraient de faire partager aux représentants de la nation la responsabilité qui pèse sur eux. Au lieu de cela nous voyons la presse française, monopolisée par un gouvernement fondé sur la violence, ne servir qu'à dénaturer les événements, à fausser la situation et à exploiter les préjugés que l'éducation par l'État, reçue en France, a inoculés systématiquement aux Français, en nourrissant leurs idées de supériorité et leurs prétentions à la suprématie sur les autres peuples.

Le gouvernement de la défense nationale excite

les passions populaires, sans essayer d'ailleurs d'en maintenir les effets dans les limites de la civilisation et du droit des gens; il ne veut pas la paix, car son langage et sa conduite lui enlèvent toute chance de la faire accepter par les esprits surexcités des masses. Il a déchaîné des forces qu'il ne peut maîtriser et retenir dans les bornes du droit des gens et des usages de la guerre européenne. Si en présence de cet ensemble de faits, nous sommes contraints d'user des droits de la guerre avec une rigueur que nous déplorons et qui n'est ni dans le caractère du peuple allemand, ni — les guerres de 1864 et de 1866 le prouvent — dans nos traditions, la responsabilité en revient aux personnes, qui sans titre et sans légitimation aucune ont continué la guerre napoléonienne et l'ont imposée à la nation française, en reniant les traditions de la guerre européenne.

Veuillez, M. . . . . . remettre à M. le ministre des affaires étrangères une copie de cette dépêche et de ses Annexes.

DE BISMARCK.

TABLEAU I.

comprenant 21 cas où les troupes françaises ont fait feu sur des parlementaires allemands.

No.	Date.	Lieu.	Nom du parlementaire.	Observations.
1.	9 août.	devant Lichtemberg.	Capitaine Schill.	
2.	12 -	- Marsal.	Chef d'escadron Ludendorff.	
3.	14 -	dans Vremy.	Premier-lieutenant de Klüber.	
4.	15 -	devant Toul.	Lieutenant Prince de Hohenlohe.	
5.	19 -	- Metz.	Lieutenant-colonel de Verdy, et Capitaine de Winterfeld.	Le trompette blessé.
6.	22 -	- Vitry.	Lieutenant Remy.	
7.	24 -	- Verdun.	Premier-lieutenant de Schimpf.	Le trompette tué.
8.	24 -	- Metz.	Lieutenant de Kurowski.	
9.	25 -	- Strasbourg.	Lieutenant-colonel de Leszynski.	
10.	2 septembre.	- Mézières.	Chef d'escadron comte de Monts.	
11.	3 -	- Mézières.	Premier-lieutenant baron de Reitzenstein	
12.	3 -	- Montmédy.	Premier-lieutenant de Jagow.	Le trompette blessé.
13.	10 -	- Metz.	Lieutenant Burckhardt.	
14.	16 -	- Toul.	Chef d'escadron de Rochow.	
15.	fin septembre.	- Strasbourg.	Premier-lieutenant baron de la Roche.	
16.	1er octobre.	- Metz.	Lieutenant baron de Rœder, et Lieutenant Mangold.	
17.	1er -	- Paris.	Lieutenant baron de Bissing.	Le porte-drapeau blessé.
18.	15 -	- Thionville.	Major de Prillwitz.	
19.	28 -	*id.*	Chef d'escadron baron de Eickstedt.	
20.	4 décembre.	- Péronne.	Chef d'escadron Jouanne, et Lieutenant Liegnitz un trompette.	} tous trois faits prisonniers.
21.	23 -	- Paris.	Premier-lieutenant de Uslar.	

TABLEAU II.

comprenant les violations de la Convention de Genève commises jusqu'à ce jour du côté des Français.

(Explication des abréviations : D. S. : *Détachement de santé;* C. A. : *Corps d'armée;* P. M. : *Porteur de malades;* A. L : *Aides de Lazareth;* L. P. : *Lieu de pansement.*)

N. B. Dans tous les cas ci-dessous relatés, les personnes, les voitures et les localités qui ont eu à souffrir de ces violations, étaient pourvues des signes prescrits par la Convention de Génève.

On n'a pas fait entrer dans ce tableau les différents cas où la position et l'éloignement des assaillants ou l'heure du jour rendaient possibles une méprise ou un accident.

No	Date.	Lieu.	Circonstances.	Nature des hostilités.	Résultat.
1.	6 août.	Spicheren.	4 D. S. du 3 C. A., pendant la recherche et l'enlèvement des blessés.	feu d'infanterie.	1 P. M. blessé.
2.	-	Wœrth.	1 D. S. du 5 C. A. *id*	*id.*	
3.	16 et 17 août	Mars-la-Tour.	1 D. S. du 10 C. A. *id.*	feu d'une patrouille de cavalerie.	Sous-officier Ihle fait prisonnier.
4.	18 août.	Marie-aux-Chênes.	Chirurgien major Hagens, et A. L.	coups de feu tirés par des civils.	
5.	-	Gravelotte.	2 D. S. du 3 C. A. Pansement et transport de blessés.	feu d'infanterie.	1 blessé et 2 P. M. blessés.
6.	30 août.	Beaumont.	Dr Rigst, lieut.-colonel Dachs et P. M. du 1 C. A. bavarois, sur L. P.	*id.*	1 ambulance endommagée. 1 P. M., 1 soldat du train blessés.
7.	31 août.	Faubourg de Mouzon.	Chirurgien-major Bertog, 7 lazareth de campagne, 4 C. A., pendant l'installation d'un lazareth.	*id.*	
8.	-	Voix.	Chirurg. milit. Skrzeczka, 1 Rég. Ul. Brandebourg. Recherche de blessés	*id.*	
9.	1er septembre	Charly.	3 D. S. du 9 C. A., transport de blessés.	*id.*	
10.	-	Metz, Bois de Failly.	Aide-Chirurg. Hille, 2 Rég. Grenad. Silésie, sur L. P.	feu de grenades.	
11.	-	Givonne.	Aide-Chirurg. Burckardt, 3. Reg. Ul.-Garde et A. L., transport de blessés	feu d'infanterie.	
12.	-	Floing.	2 D. S. du 11 C. A. en marche.	feu de grenades.	
13.	-	Saint-Albert.	2 D. S. du 11 C. A. sur L. P.	*id.*	1 cheval tué.
14.	-	Floing et St.-Albert.	1 D. S. du 11 C. A., en mettant des	armes blanches.	2 hommes blessés.

17.	-	Balan.	3 D. S. bavarois.	feu parti des maisons	1 ambulance détériorée, 2 P. M. faits prisonniers et dévalisés.
18.	19 septembre	Petit-Bicêtre.	Lazareth.	feu de grenades.	
19.	-	Villa Coublay.	1 et D. S. du 5 C. A., dans la recherche des blessés.	feu de grenades et d'infanterie.	
20.	20 -	Brie.	Train de santé wurtembergeois.	feu de grenades.	
21.	29 -	Isle Adam.	Chirurg.-major Dr Berger, dans la recherche des blessés.	feu de franc-tireurs.	Le Dr Berger tué d'un coup de feu tiré à 50 pas de distance.
22.	30 -	devant le fort d'Ivry.	P. M. du 6 C. A., recherche de blessés.	grenades.	
23.	2 octobre.	Bellevue.	3 D. S. du 1 C. A., sur la place, où l'on réunissait les blessés.	feu d'infanterie.	
24.	7 -	*id.*	3 D. S. du 1 C. A., transport de blessés et sur L. P.	feu de grenades sur la lanterne rouge.	
25.	Octobre.	Pithiviers.	3 D. S. du 11 C. A.		Dr Michel fait prisonnier et emmené à Lyon.
26.	-	Orléans.	Lazareth de campagne bavarois.		Les médecins dévalisés et conduits à Oleron, puis menés par des gendarmes à la frontière suisse.
27.	-	Tours,	Délégué comte Louis Arco.		
28.	Novembre.	Lommope.	Chirurg. Dr Lucke du rég. huss. Magdebourg no. 10.		On a pris au docteur sa voiture, ses instruments et ses effets particuliers.
29.	2 décembre.	Patay près Orléans.	Med. milit. Dr Schönleben, Schmidt, de Stransky, Keyl, Degen, pendant le pansement.		Faits prisonniers, emmenés par Bordeaux à Marseille, puis à Nice et à la frontière italienne.
30.	11 -	La Fère.	Ambulance avec 100 blessés et malades.		Toute l'ambulance a été prise et menée à Calais.
31.	12 -	Entre Vallexon et Gray.	D. S. badois, en marche.	attaque de francs-tireurs.	1 cocher tué, 1 A. L. blessé, 1 délégué fait prisonnier, les chirurgiens-majors Fritchli et Stœckert dévalisés.

Dans leur retraite d'Orléans sur Blois en décembre les Français ont abondonné derrière eux sans aucun secours de médecins plusieurs milliers de blessés. Versailles. 1er janvier 1871.

II.

Versailles, le 17 février 1871.

Depuis l'envoi de ma circulaire du 9 de ce mois sur les violations du droit des gens commises dans cette guerre par les Français, de nouveaux faits du même genre ont été portés à ma connaissance par les autorités militaires et d'autres côtés encore.

Dans le combat près du Mans, le 11 janvier, l'ennemi — d'après le rapport du général de Kraatz-Koschlau, — s'est servi plusieurs fois de balles explosibles. Le général de Tresckow a reçu des déclarations semblables se rapportant aux combats qui ont eu lieu près de Montbéliard dans la seconde moitié du mois dernier. Sur ces deux nouveaux cas les constatations judiciaires se font en ce moment. Que, dans la sortie de l'armée de Paris, le 19 janvier, il y ait eu plusieurs soldats allemands blessés par des petites balles explosibles, ce fait est certifié par une déclaration du médecin en chef de la IIIème armée, — et dans un rapport du médecin divisionnaire de la landwehr de la Garde, faisant partie de la IIIème armée, sont décrits les effets que ces projectiles ont produits dans un cas déterminé. J'ai l'honneur de joindre ici une copie de ces deux documents. — Au combat de Saint-Jean, une blessure semblable, qu'a reçue un sous-officier du régiment d'infanterie oldenbourgeois, nº 91, a été constatée par le médecin-général de l'armée, Dr Lœffler. La balle, entrée par le devant de la cuisse, ne s'était point fait une ouverture de sortie, comme dans les canaux habituels des blessures d'armes à feu, mais elle avait déchiré intérieurement les parties molles et l'arrière cuisse par d'affreuses brûlures. — Enfin il y a un acte officiel, émanant de source française, qui prouve que des balles explosibles, contrairement aux traités, se sont trouvées dans la possession de la garnison parisienne. Après la tentative d'insurrection du 101ème régiment de marche devant l'Hôtel-de-ville, le 22 janvier, le maire de Paris, Jules Ferry, a adressé aux maires d'arrondissements une communication, imprimée dans les journaux parisiens, où il est dit textuellement :

> « Les maisons qui environnent l'Hôtel-de-ville, « avaient été occupée d'avance, et de là fut ou- « vert un feu très vif sur le premier étage de « l'Hôtel-de-ville, qui en porte les traces. Il est « à remarquer que parmi les projectiles se sont « trouvées nombre de balles explosibles et de pe- « tites bombes. »

En plusieurs lieux, notamment dans les combats au sud de Tours, du 19 au 24 janvier, des patrouilles allemandes ont reçu des blessures causées par de la grenaille, et dans deux cas on a pris à des paysans armés des fusils qui étaient chargés avec du plomb haché.

J'ai eu connaissance également de nouveaux exemples déplorables de violation de la Convention de Genève, de meurtres et mutilations barbares.

Le 30 novembre dernier, à Nuits, le chirurgien-major badois, Dr Klein, tandis qu'il était occupé à panser des blessés, a été attaqué par des soldats ennemis et tué à coups de fusil et à coups de crosse sur la tête. Ce fait attesté par deux témoins dignes de foi, a été confirmé d'ailleurs par l'aveu du général français Cremer. Celui-ci, en présence du chirurgien-major Dr Klehe, fait prisonnier également dans l'exercice de ses fonctions, avoua que le Dr Klein et deux autres prisonniers avaient été tués à coups de fusil.

A Villarie, canton de Naveil près Vendôme, on a trouvé, le 1er janvier, le corps d'un soldat du régiment de cuirassiers de la Prusse orientale, no 3, dont les deux yeux avaient été, au jugement des médecins, arrachés de leurs orbites par une incision. Dans les environs de Montbéliard sont signalées aussi des atrocités semblables, au sujet desquelles se suit une enquête plus précise.

Il est arrivé maintes fois, en ce qui concerne particulièrement le 14ème corps d'armée, que des médecins et des porteurs de malades de ce corps faits prisonniers, n'aient point été remis en liberté ou ne l'aient été qu'après plusieurs jours de mauvais traitements, tels que pierres lancées par la populace des villes, qu'on leur faisait traverser, et autres choses semblables. Un de ces médecins, le chirurgien-major Dr Bürck, a été à même de pouvoir constater que le général Cremer, déjà nommé, ignorait absolument — de son propre aveu — les dispositions de la Convention de Genève. Un autre médecin, le Dr Müller, se trouvant dans une situation analogue, essayait de faire valoir son caractère de neutre auprès d'un major français, lequel lui répondit que les apppels faits à la Convention de Genève n'étaient point écoutés. Conformément à cette manière de voir malheureusement très répandue et passée en pratique dans l'armée française, le personnel du 6ème lazareth de campagne du 14ème corps d'armée, qui, dans la retraite des troupes allemandes évacuant Dijon, le 27 décembre, avait été laissé en arrière avec les malades, fut fait prisonnier et emmené à Nice, puis de là à Lourdes, département des Basses-Pyrenées. De même, le commandant de Besançon a obstinément refusé de remettre en liberté un délégué de la Société de secours pour les blessés et trois aides de lazareth qui avaient été faits prisonniers dans l'attaque de Fresnes Saint-Mamés. Enfin, après l'évacuation de Vesoul, les soldats allemands grièvement blessés et malades qui se trouvaient dans le lazareth de cette ville, ont été emmenés en captivité.

Veuillez, je vous prie, communiquer à M. le ministre des affaires étrangères une copie de cette dépêche et de ses annexes.

DE BISMARCK.

ANNEXE.

PROCÈS-VERBAUX ET RAPPORTS

constatant

des violations de la convention de Genève du côté des Français.

1.

Fait à La Malmaison, 7 octobre 1870.

Je m'appelle *Gustave-Adolphe-François Bœhme* et je suis actuellement premier médecin-principal du 3e détachement sanitaire du 9ème corps d'armée.

Le 1er septembre, après la fin du combat près Charly, je me rendis encore une fois au champ de bataille avec l'aide-major Dr Prahl, deux aides de lazareth et quelques porteurs de malades, pour voir s'il s'y trouvaient encore des blessés. Nous allâmes d'abord jusqu'à Chieulles et nous tournâmes ensuite à droite en prenant le chemin des vignes. Après avoir fait coucher et transporter plusieurs personnes grièvement blessées, nous en trouvâmes encore quelques-unes sur la hauteur située devant le bord de la forêt. Là nous entendîmes tout à coup siffler des balles de fusil. Nous crûmes d'abord qu'elles s'adressaient à quelques gendarmes à cheval sur le champ de bataille, jusqu'à ce que des projectiles tombés nous avertirent que ce feu était dirigé contre nous.

Nous nous étions, en effet, bien rapprochés des avant-postes français, mais ceux-ci pouvaient parfaitement voir notre travail et reconnaître le but de notre présence, d'autant mieux que nous étions sur une petite hauteur et qu'à une toute petite distance, nos porteurs de malades portaient justement un homme grièvement blessé à une voiture qui se tenait tout près.

Le tir continua encore pendant notre retour jusqu'à ce que, arrivés dans un pli de terrain, les Français nous perdissent de vue; le feu recommença même encore une fois, lorsque nous apparûmes avec nos blessés sur une seconde hauteur.

J'ai déposé le présent témoignage conformément à la vérité et je suis prêt à l'affirmer par serment.

Lu et signé : Dr Bœhme,
médecin-principal.

actum ut supra :

Meinert,
lieutenant.

2.

Fait à La Malmaison, le 8 octobre 1870.

Je m'appelle *Pierre Prahl* et suis actuellement aide-major au 3e détachement sanitaire du 9e corps d'armée.

Le 1er septembre, après-midi, j'accompagnai, après la fin du combat près Charly, le premier médecin-principal, Dr Bœhme, au champ de bataille, pour y chercher des blessés. Deux aides de lazareth étaient avec nous, et plusieurs porteurs de malades s'y joignirent en route avec des brancards. Nous parcourûmes à cheval le champ de bataille dans différentes directions, et nous y trouvâmes plusieurs blessés que nous fîmes enlever. Au-dessous du village de Chieulles nous prîmes le chemin des vignes en tournant à droite; l'un des aides de lazareth était resté auprès d'un blessé français, l'autre nous suivait. Nous trouvâmes encore plusieurs blessés et morts, pour la plupart des Français; j'étais descendu près d'un pour sonder ses blessures, lorsque, tout à coup, j'entendis des coups de feu partant de la hauteur boisée qui n'était pas bien loin. Au commencement, nous n'y fîmes pas attention, jusqu'à ce que les balles continuant à siffler devant nous, nous avertissent que le feu était dirigé contre nous. Nous étions assez près, cependant, des avant-postes français pour qu'ils pussent reconnaître, quel était le but de notre travail. D'ailleurs, à une petite distance de nous, les porteurs de malades portaient justement un blessé dans un brancard à la voiture que l'on pouvait apercevoir. Nous nous remîmes à cheval, mais les balles sifflaient toujours encore à nos côtés et nous poursuivirent même pendant notre retour.

J'ai fait la présente déposition conformément à la vérité et suis prêt à l'affirmer par serment.

Lu et signé : Dr Prahl,
aide-major.

actum ut supra :

Meinert,
lieutenant.

3.

Fait aux avant-postes devant Rozérieulles,
le 5 octobre 1870.

Par ordre du commandement Royal comparaît aujourd'hui le sous-médecin, Dr Hille, commandé comme aide-major du bataillon des fusiliers du 2e régiment des grenadiers de Silésie no 11.

Après avoir appris l'objet de ces débats, il dépose ce qui suit :

Le 1er septembre, au combat devant Metz, le bataillon des fusiliers du 2e régiment des grenadiers de Silésie no 11 se tenait en réserve sur la hauteur au sud du bois de Failly; comme le bataillon des fusiliers auquel j'appartiens n'avait pas besoin de mon service, je me chargeais de panser les blessés du 85e régiment de Schleswig et fixais un lieu de pansement sur la route située au sud du bois de Failiy qui pendant la dernière heure et demie du combat était complétement hors du feu. Une demi-heure après la fin du combat, lorsque les troupes s'étaient déjà rendues aux bivouacs, je requis trois voitures sanitaires. Le transport par brancard prenait trop de temps à cause de la grande distance qui nous séparait de l'endroit principal où l'on pansait les blessés. En m'approchant de cet endroit, une batterie de Metz envoya des grenades aux voitures, quoiqu'elles fussent pourvues du drapeau de la convention de Genève.

Quatre grenades sur 9 tombèrent à l'endroit même et aux environs. Étant donc forcé d'empêcher que l'on y déposât les blessés, je dirigeai les voitures vers la lisière au nord du bois de Failly.

Lorsque les dernières voitures avaient disparu, le feu de grenade des ennemis cessa.

Parmi les blessés se trouvaient plusieurs Français.

Lu et signé : Dr Hille.

actum ut supra :

de Tschirnhaus, lieutenant au 2e régiment des grenadiers de Silésie n° 11.	M. L. de Lindeiner-Wildau, capitaine et chef de compagnie au 2e régiment des grenadiers de Silésie n° 11.

4.

Fait à Maizières, le 11 octobre 1870, sept heures du soir.

Par ordre du commandant général Royal du 7 de ce mois ont été appelés :

1èrement Le capitaine *de Zeschau*, chef du détachement sanitaire no 1 du 10e corps d'armée, et il nous dit :

Le matin du 17 août, j'étais occupé au champ de bataille de Mars-la-Tour à chercher des blessés, lorsqu'une patrouille de 18 à 20 cavaliers ennemis environ sortit de derrière un buisson et fit feu contre nous à une distance de 150 à 200 pas. Je me retirai, mais les hommes de la patrouille ennemie recommencèrent de nouveau le feu contre nous et les blessés qui se trouvaient près de nous.

2èmement Le sous-lieutenant *Haase* du détachement sanitaire nº 1 du 10e corps d'armée, et il nous dit:

Le soir du 16 août, je reçus l'ordre d'aller chercher avec trois voitures sanitaires les blessés qui se trouvaient dans le petit buisson derrière Mars-la-Tour. A peine eus-je quitté avec les voitures Mars-la-Tour, que, près du buisson, je fus reçu par un feu de mousqueterie tellement violent que je me vis forcé de retourner avec les voitures; le lendemain matin, on tira encore du même bois sur moi et mes hommes au moment où nous étions occupés à relever les blessés.

3èmement Le sous-officier *Ihle* du détachement sanitaire nº 1 du 10e corps d'armée, et il dit:

Le 16 août, à 7 heures du soir, j'étais occupé au champ de bataille de Mars-la-Tour *à panser les blessés*. Une troupe ennemie de 50 hommes environ conduits par 3 officiers, s'approchèrent de moi et tirèrent quelques coups de feu contre moi et ma patrouille. Ayant un mouchoir blanc à la main, j'allai au devant de l'ennemi; le feu cessa, mais je fus emmené prisonnier. On prit mes armes et je fus conduit au bivouac ennemi d'où je parvins cependant à me sauver dans la même nuit par la fuite.

4èmement Le sous-officier *Richter* du détachement sanitaire nº 1 du 10e corps d'armée, et il nous dit:

Le matin du 17 août j'allai avec quatre hommes de ma patrouille au champ de bataille de Mars-la-Tour. Au moment où nous étions sur le point *de panser des blessés*, un détachement de cavaliers ennemis nous cerna et nous emmena prisonniers dans leur camp. Après qu'on nous eut pris nos armes, parut un autre officier ennemi, et il signifia, en apparence, à ses camarades que notre prise était injuste; on nous renvoya alors bientôt après, mais sans armes.

Tous ceux qui ont été invités à paraître, ajoutaient à la fin qu'ils avaient été munis du brasard de la convention de Genève.

Les témoins n'ayant plus rien à déposer, la séance fut levée.

Lu et signé :

DE ZESCHAU, capitaine.	HAASE, sous-lieutenant.
IHLE, sous-officier.	RICHTER, sous-officier.

actum ut supra :

DE ZESCHAU,
capitaine et chef du détachement sanitaire n° 1 du 10e corps d'armée.

5.

Hagondange, 9 octobre 1870.

Rapport

de la 1ère section Royale du 3ème détachement sanitaire du 1er corps d'armée sur son service, pendant le combat près Belle-vue, le 7 du même mois.

A deux heures un quart de l'après-midi, la section reçut l'ordre de se mettre en marche pour Semécourt où elle arriva vers 3 heures et demie. Dans la première maison sur la grande route on établit le lieu de pansement, les hommes déposèrent les bagages, et la section avança ensuite sur l'ordre du médecin de division, M. le docteur Meinhoff. Le point d'arrêt pour les voitures fut fixé au milieu entre Semécourt et Belle-vue, 150 pas environ avant les baraques, et de cet endroit les hommes furent envoyés avec les civières. Déjà, pendant que la section se mettait en rang et que les hommes recevaient les civières, on tirait du village sans cesse contre eux, — les troupes qui s'y trouvaient étaient cachées dans les fossés et derrière des baraques qui les couvraient contre le feu de l'ennemi — les porteurs de malades n'étant nullement couverts, étaient obligés d'aller chercher et de transporter les blessés sous une grêle de balles qui durait sans interruption. *A cette occasion un homme a été blessé mortellement et plusieurs légèrement contusionnés par des éraflures, leurs habits étaient percés.* Après avoir retiré autant que possible tous les blessés, la section se porta en arrière et prit position sur la grande route, pendant que les troupes marchaient à l'assaut de Belle-vue. Dans cette position, la section fut cependant tellement inondée de grenades qui y tombaient à droite et à gauche après la prise de Belle-vue, qu'elle était forcée de s'avancer encore davantage. On chercha ensuite les blessés dans le village qui venait d'être pris et sur le champ voisin, puis on les porta en arrière et la section se retira alors au lieu principal de pansement. Pendant ce temps, les Français avaient essayé une dernière attaque contre Belle-vue, et le sous-signé s'avança encore une fois avec les voitures et une partie des hommes jusqu'à Belle-vue. En relevant les blessés sur le champ situé à gauche du village, le sous-signé était occupé entre le chemin de fer et la forêt, avec le sous-officier de train Krupkat et une patrouille, à poser quelques blessés sur les civières, lorsque les Français qui se trouvaient tout près dans les sillons du champ et que le sous-signé avait pris de même pour des blessés, lui envoyèrent une décharge qui tua le cheval sous le sous-officier Krupkat. Le sous-signé se retira avec les hommes sous un feu ennemi continuel, en enlevant les blessés qui se trouvaient en arrière, et retourna ensuite au grand lieu principal de pansement où il bivouaqua. Cent hommes, presque tous grièvement blessés, ont été recueillis qui, pour la plupart, furent évacués par des relais jusqu'à 11 heures du soir à l'hôpital de Talange; le reste était évacué le lendemain matin à 9 heures.

En dernier lieu j'ai encore à rapporter que la lanterne rouge du lieu de pansement était pendant la dernière attaque le point de mire d'une batterie ennemie, de sorte que les grenades crevaient en partie à côté, en partie devant, en partie derrière la maison; les projectiles prirent une autre direction seulement après que la lanterne fût enlevée. Le matin du 8 de ce mois, la section reçut l'ordre de rester encore provisoirement au lieu de pansement, et elle ne rentra par ordre du commandant de la division qu'à 2 heures et demie de l'après-midi dans l'ancien cantonnement à Hagondage.

Belling,
Lieutenant et commandeur.

6.

Fait au cantonnement de Hagondange,
le 11 octobre 1870.

Par suite de l'ordre de la 3ème division de la réserve Royale du 10 octobre 1870 (no. 972) et par rapport à l'ordre du jour du 4 de ce mois (pass. 3) concernant le bombardement des ambulances, les médecins suivants de la 2ème section du 3ème détachement sanitaire du 1er corps d'armée ont fait cette déposition unanime:

Le lieu de pansement du détachement se trouvait pendant le combat de Belle-vue du 7 de ce mois dans une ferme à l'entrée de Semécourt, il était indiqué par le drapeau blanc-rouge et le drapeau national ainsi que par la lanterne rouge à la nuit tombante. Malgré cela, le lieu de pansement a été pendant longtemps inquiété par des grenades ennemies qui y tombaient tout près de là.

L'intention de l'ennemi de bombarder notre principal lieu de pansement résulte de ce fait que les pièces ennemies devenaient muettes à la nuit tombante pendant longtemps et que le lieu de pansement fut inondé de grenades aussitôt qu'il était *indiqué* par la lanterne rouge. Nous fûmes obligés d'enlever *cette lan-*

terne, ce fit que les projectiles prirent une autre direction et que le feu cessa même bientôt après.

Lu et signé:

Dr. Mueller, médecin-principal de campagne.	Dr. Wandke, aide-major.
Dr. Gramahl, aide-major.	Dr. Stabbert, aide-major.

Actum ut supra:

Belling,
Lieutenant et commandeur.

7.

Fait au cantonnement de Hagondange,
6 octobre 1870.

Par suite de l'ordre de jour du commandant supérieur de l'armée d'investissement du 4 de ce mois comparaît le sous-lieutenant Eichling du détachement sanitaire no. 3 du 7ème corps d'armée pour être entendu sur la violation de la Convention de Genève du côté des ennemis. Il dépose ce qui suit:

Les porteurs de malades furent déjà criblés de coups de feu, lorsque je les conduisais dans la direction de Belle-vue qui m'avait été indiquée par le chef. Je ne puis pas cependant affirmer positivement, si l'ennemi qui se trouvait dans la forêt à gauche de Belle-vue, a vu exactement les brassards de neutralité des porteurs de malades, puisque une distance de 500 pas nous séparait à peine. — Mais il est exact que l'on a tiré sur le lieu où se trouvaient réunis nos blessés, — une maison isolée située à 150 pas de Belle-vue. Cette maison était signalée par trois drapeaux réglementaires. Lorsqu'après la fin du combat, les blessés du village de Belle-vue étant enlevés, je fis partir, suivant l'ordre, le détachement des porteurs de malades, quatre grenades lancées d'un des forts tombèrent près de la maison. Et lorsque je quittai cette maison qui me protégeait contre le feu de mousqueterie, l'infanterie ennemie se mit aussi à diriger le feu contre mon détachement, de sorte que je fus obligé de commander de retourner isolément.

Vu et signé:

EICHLING,
sous-lieutenant au détachement no. 3
du 7ème corps d'armée.

Actum ut supra:

HORBACH,
lieutenant et chef du détachement sanitaire
no. 3 du 7ème corps d'armée.

8.

Fait à Villers Laquenexy, le 5 octobre 1870.

Par suite d'une invitation paraît le sous-lieutenant de la réserve Hockenbeck, commandé dans le second détachement sanitaire, et étant dans sa position civile Dr. phil. et professeur au gymnase de Rheine. Après avoir su quel devait être l'objet de sa déposition, il déclare ce qui suit:

1° Le 6 août, jour de la bataille de Saarbrück, je fus envoyé avec la première section du 2ème détachement sanitaire pour chercher hors du combat les blessés qui se trouvaient du côté gauche de la hauteur de Spicheren. Vers cinq heures environ, l'ennemi repoussa les troupes qui se trouvaient de ce côté de la hauteur boisée. Je voulais faire envoyer deux civières chercher deux officiers blessés qui étaient couchés sur le bord du bois. Les hommes s'avancèrent, mais ils n'avaient pas encore atteint l'endroit où étaient les officiers blessés, qu'ils furent reçus à coups de fusil; ils firent un demi-tour et revinrent. Par ordre du capitaine auquel je mandai ce cas, j'avançai moi-même avec les deux civières et enlevai les blessés hors du feu. Pendant ce temps, l'ennemi tira sur nous, quoique j'ai la conviction qu'il ait dû apercevoir nos insignes; *un homme fut même blessé par une éraflure.*

2° Le 18 août, dans la bataille de Gravelotte, où j'ai été occupé le premier avec ma section sur le plateau, le chef du détachement me chargea vers cinq heures et demie environ de chercher les blessés dans la vallée en prairies qui s'étend au loin entre les deux hauteurs. J'allai avec toute la section à l'endroit désigné et j'y trouvai du travail suffisant. Beaucoup de blessés furent trouvés et enlevés en partie de la prairie même, en partie de ses deux côtés, dans les buissons qui vont jusqu'à la grande route de Metz. Vers 8 heures et demie, justement comme nous étions occupés de mettre les derniers blessés sur les voitures, le caporal Hornich aperçut un soldat ennemi qui se trouvait derrière un arbre sur la hauteur boisée. Le caporal montra le soldat ennemi aux porteurs de malades qui étaient occupés à charger la voiture. Celui-là devait s'être aperçu que nous le regardions. Car il se retira et bientôt après, dix soldats au moins firent feu sur nous malgré les drapeaux neutres et les insignes que portaient nos voitures et nos hommes. Je fis déposer les civières et partir au trot les voitures de la prairie. *Un blessé ramassé fut même encore atteint à la tête dans la voiture, et deux porteurs de malades furent blessés dans la carrière située en arrière.*

Lu et signé:

HOCKENBECK,
sous-lieutenant.

Actum ut supra:

H. MINAMEIER,
capitaine et chef de détachement.

9.

Fait à Urcourt près Doncourt,
7 octobre 1870.

Le capitaine Royal et chef du 2ème détachement sanitaire du 3ème corps d'armée, de Eickstedt, paraît et déclare:

Le 16 août de cette année pendant la bataille de Vionville se sont présentés plusieurs cas où l'ennemi a tiré sur les voitures sanitaires de mon détachement pendant qu'elles étaient en activité:

1⁰ Le matin, entre 9 et 10 heures environ, j'allai avec mon détachement de la gauche du chemin de Tronville vers Vionville, pour m'y établir. Cela fait, plusieurs grenades tombèrent dans notre détachement sans cependant causer aucun dégât. Les coups provenaient des pièces françaises qui se trouvaient entre Vionville et St. Marcel, aux environs de l'ancienne route romaine. La distance était d'à peu près 2 à 3000 pas. Mais les drapeaux internationaux du détachement doivent avoir été reconnus par l'ennemi, parce qu'il ne se trouvait pas d'autres troupes aux environs. L'artillerie déboucha de Vionville seulement après que les coups de feu dont je parle furent tirés.

Je dois rectifier ce que je viens de dire, que personne n'eût été blessé, car à *cette occasion le porteur de malades Erich a été blessé au doigt,* cependant sans gravité. Comme les coups de feu augmentaient, je fis diriger sur Tronville les voitures du détachement et les médecins.

2⁰ L'après-midi, vers deux heures, mon détachement se trouvait à Vionville. Le lieu pour panser les blessés fut établi sur le cimetière, au sud de Vionville. Là il nous semblait étrange que chaque fois qu'une voiture se montrait en plein champ et allait au cimetière pour y chercher des blessés, des grenades tombassent aux environs. Toutes les voitures de blessés portaient cependant le drapeau international. Les coups venaient d'une batterie ennemie qui se trouvait sur la hauteur au sud de la forêt entre St. Marcel et Rezonville. Personne n'a été blessé. Dans ce cas comme dans le cas précédent, les voitures se tenaient sur des hauteurs telles que, d'après mon avis, l'ennemi aurait dû parfaitement voir leurs drapeaux et les reconnaître comme ambulances.

3° Le même jour, à peu près deux heures plus tard, mon détachement transporta des blessés des environs de Flavigny à Vionville. Lorsque plusieurs voitures, que j'accompagnais à cheval, furent en route, plusieurs grenades les atteignirent; une voiture eut ses roues brisées, une autre un palonnier; un soldat du train, Gundlach, qui conduisit, a eu son shako renversé par un éclat de grenade.

Les coups venaient d'une batterie ennemie qui se trouvait — comme *ad* 2 — au sud de la forêt, entre St. Marcel et Rezonville. Il est cependant possible qu'ici le détachement n'ait pas été reconnu comme tel, parce que les voitures traversaient le fond de la vallée.

Dans ce cas aussi, des troupes prussiennes ne se trouvaient pas aux environs.

Je peux affirmer ce que je viens de dire par serment.

Lu et signé:

de Eickstedt,
capitaine et chef du 2ème détachement sanitaire du 3ème corps d'armee.

Meinecke,
conseiller de la justice, et auditeur de la 6ème division de l'infanterie.

Schultze,
greffiier au tribunal militaire.

10.

Fait à Urcourt, le 10 octobre 1870.

Par ordre du 2ème détachement sanitaire Royal du 3ème corps d'armée paraissent devant le sous-signé les porteurs de malades Holze et Spandau, pour déposer, si le 17 août de cette année pendant qu'ils exerçaient leur service, des soldats français avaient tiré sur eux.

Le porteur de malades Holze, après avoir été exhorté à dire la vérité, a répondu ce qui suit:

Le 17 août, le matin à 8 heures et demie, étant occupé à chercher et transporter des blessés, j'arrivai jusqu'à cent pas environ près de la forêt, qui est située à gauche de la grande route de Vionville à Rezonville. Au moment où je m'occupais avec mon camarade Spandau d'un blessé français, quatre à cinq coups de feu nous arrivèrent de la forêt désignée plus haut. Les balles passèrent sur nous. Nous nous sommes retirés alors et avons rapporté cet accident.

Lu et signé:

HOLZE.

Le porteur de malades Spandau, après avoir entendu la déposition du porteur de malades Holze, fut exhorté à dire la vérité et a déclaré ce qui suit :

Je me joins sur tous les points à ce qu'a dit mon camarade Holze et n'ai plus rien à y ajouter.

Lu et signé : SPANDAU.

actum ut supra :

PIECKENBROCK,
Sous-lieutenant comme adjoint.

WELZ,
Sous-lieutenant et officier faisant fonction de juge d'instruction.

11.

Fait au cantonnement de St.-Antoine,
le 4 octobre 1870.

Par suite de l'ordre du 2 de ce mois du commandant supérieur Royal du 3e corps d'armée et de l'invitation du 3 de ce mois du médecin Royal de la 10e division de l'infanterie, M. le docteur Roland, paraissaient devant le sous-signé :

1° M. Oscar Neumann, lieutenant au bataillon de train de Basse-Silésie no 5,

2° M. Emile Freudenfeld, lieutenant (officier de la réserve) au 1er régiment des uhlans de Prusse orientale no 8;

tous deux actuellement attachés au 2e détachement sanitaire du 5e corps d'armée.

Ces officiers informés du but de leur interrogatoire déclarent d'*une commune voix :*

Dans la bataille de Wœrth le 6 août de cette année, les Français ont tiré sur le 2e détachement sanitaire du 5e corps d'armée. Ils n'ont pas seulement tiré isolément sur nos hommes, mais d'après le rapport de plusieurs personnes du détachement, le feu ennemi était dirigé contre ce détachement même. Aussi plusieurs Français, en partie des militaires, en partie des habitants de Wœrth, ont été pris sur le fait par des troupes prussiennes (de l'infanterie) et emmenés prisonniers.

Dans le combat de Meudon-Clamart (Villacoublay) du 19 de ce mois, les Français ont encore tiré sur le détachement sanitaire no 2. *Un porteur de malades a été blessé au pied d'un coup de fusil* et les voitures d'ambulance ont été bombardées à dessein par l'artillerie française.

Les soussignés n'avaient rien à ajouter.

Lu et signé :

Oscar Neumann,	Emile Freudenfeld,
Sous-lieutenant au bataillon de train de Basse-Silésie no 5.	Sous-lieutenant de la réserve dans le régiment des uhlans de Prusse orientale no 8.

actum ut supra :

Le sous-signé adhère *dans tous les points* aux dépositions des précédents signataires, ayant été dans le cas de faire les mêmes observations.

Kühne,
capitaine et chef de détachement.

12.

Fait à Ville d'Avray, le 4 octobre 1870,
au 1er détachement sanitaire du 5e corps d'armée.

Pour constater les violations de la convention de Genève faites par l'ennemi, paraît

1° le sous-lieutenant Winkler du 1er détachement sanitaire, et il dépose :

Lorsque le matin du 19, le 7e et le 47e régiment avançaient en ordre de bataille dans la direction de Villay Coublay, la 2e section du 1er détachement sanitaire suivit la seconde rangée à 5 et 600 pas. Pendant cette marche en avant, 20 grenades environ tombèrent près des voitures sans cependant les atteindre. Les voitures étaient munies des drapeaux réglementaires.

Après que le combat fut fini du côté des Prussiens et que le 7e et le 47e régiment se furent réunis près de la Villa Coublay, le chef du détachement, capitaine Jæckel, rassembla les porteurs de malades venant du lieu de pansement, auxquels se joignait le lieutenant Neumann avec des porteurs de malades du 2e détachement sanitaire, — pour fouiller encore une fois le champ de bataille. Pendant qu'ils avançaient de front sur une ligne étendue et à grands intervalles, l'aile droite qui s'appuyait sur une route coupée de beaucoup d'abatis, fut particulièrement canonnée par des grenades de gros calibre. En même temps des balles de chassepot furent envoyées à des porteurs de malades qui étaient en train de panser un blessé français.

Les porteurs de malades du 1er détachement ne furent pas blessés, on me rapporta cependant que plusieurs d'entre eux dans le 2e détachement avaient été atteints.

Lu et signé : WINKLER,
sous-lieutenant.

2° Le porteur de malades Guillaume Schulz IV dépose :

Le 19 septembre de cette année, après la fin du

combat, le capitaine Jæckel et le sous-lieutenant Winkler nous rassemblèrent pour retourner encore une fois au champ de bataille. A droite de nous se trouvait une route garnie de beaucoup d'abatis, à gauche deux fermes en feu. Pendant que nous avancions, l'artillerie ennemie nous lança continuellement des projectiles — je croyais que c'étaient des shrapnells, car ils crevaient dans l'air — et à droite du bord d'une forêt, un feu d'infanterie fut dirigé contre nous. Excepté nous, il n'y avait pas de troupes prussiennes aux environs.

Lu et signé : FRÉDÉRIC-GUILLAUME SCHULZ IV,
porteur de malades.

3° Porteur de malades Henri Niedergesæss.

Après avoir entendu la déposition de Guillaume Schulz IV, je déclare ne pouvoir rien y ajouter et adhérer parfaitement à tout ce qu'a déclaré le dit Schulz.

Lu et signé : NIEDERGESÆSS,
porteur de malades.

4° Le porteur de malades Antoine Stull.

Après avoir entendu ce qu'ont déposé les dits Schulz et Niedergesæss, je déclare ne pouvoir rien y ajouter et affirmer tout ce qu'a déposé le dit Schulz.

Lu et signé : STULL,
porteur de malades.

5° Le porteur de malades Guillaume Küppermann.

Après avoir entendu ce qu'ont déposé les dits Schulz, Niedergesæss et Stull, je déclare ne pouvoir rien y ajouter et être parfaitement d'accord avec tout ce qu'ont déposé les dits Schulz, etc.

Lu et signé : KÜPPERMANN,
porteur de malades.

6° Le porteur de malades Auguste Jungnitsch.

Après avoir appris la déposition des dits Schulz, Niedergesæss, Stull et Küppermann, je déclare ne pouvoir rien y ajouter et être complétement d'accord avec les déclarations des dits Schulz, etc.

Lu et signé : AUGUSTE JUNGNITSCH,
porteur de malades.

actum ut supra :

JÆCKEL,
capitaine et chef de détachement.

13.

Fait à Orly, le 3 octobre 1870.

Par ordre de la 12e division royale paraissent devant le soussigné les sergents Killichhofer et Bartsch, ensuite le caporal Tips et le mousquetaire Hrabak, tous de la 2e compagnie du 1er régiment de Haute-Silésie no 22, pour être interrogés conformément au rapport ci-joint.

Ceux-ci, après avoir appris l'objet du procès-verbal, et ayant été avertis que leurs déclarations devaient être telles qu'elles puissent être affirmées par serment, en bonne conscience, déposent ce qui suit :

1º Le sergent Killichhofer; il déclare :

Le 30 septembre, après que le combat livré ce jour là, eut cessé sur tous les points, j'avais occupé avec 16 hommes la redoute no 83. De là, je vis avancer des porteurs de malades pour retirer les blessés du champ de bataille qui se trouvait devant nous. Lorsque plusieurs d'eux se furent réunis sur un point, j'entendis un coup de canon tiré du fort d'Ivry et vis tomber une grenade immédiatement devant les porteurs de malades; j'entendis en même temps un feu de mousqueterie qui était évidemment dirigé contre eux.

Lu et entendu : KILLICHHOFER.

2° Le sergent Bartsch; celui-ci déclare :

Le 30 septembre, lorsque le combat était complétement terminé, je montai la grand'garde n° III; de là, je vis que le fort d'Ivry envoyait des grenades aux porteurs de malades, bientôt après plusieurs coups de fusil furent tirés contre eux.

Lu et signé : BARTSCH.

3° Le caporal Zips : celui-ci déclare :

Après la fin du combat du 30 septembre, je montai la grand'garde n° III; de là, je vis le fort d'Ivry envoyer une grenade aux porteurs de malades; plusieurs coups de fusil furent aussi dirigés contre eux.

Lu et signé : ZIPS.

4° Le mousquetaire Hrabak; celui-ci déclare :

La déposition du sergent Bartsch et celle du caporal Zips s'accordent avec ce que j'ai à dire, en dehors de cela, je n'ai rien à ajouter.

Lu et signé : HRABAK.

actum ut supra :

DE PANNEWITZ, lieutenant, faisant fonction d'officier juge adjoint.

DE SCHWEINICHEN, lieutenant, faisant fonction d'officier juge d'instruction.

14.

Cantonnements d'Orléans, le 14 octobre 1870.

Par suite d'une assignation paraît aujourd'hui le capitaine Ernest zu Strohe, chef du détachement sanitaire n° 2 du 11e corps d'armée; il déclare, après avoir entendu l'ordre du 2 octobre du commandant général de Versailles, ce qui suit :

Le 1er septembre de cette année, vers 9 heures, le détachement placé sous mes ordres était sur le point de suivre la division dans sa marche de Donchery à Floing. A cause du feu de grenades, auquel une prairie que nous devions traverser était exposée, la marche fut arrêtée 10 minutes environ. Le feu de grenades qui arrivait tout d'un coup et sans que l'on s'y attendît, était en tout cas destiné à une division de cavalerie qui venait de quitter cette prairie. Nous continuâmes ensuite notre marche, et notre détachement arriva au petit bourg Montimont. Là, il y a deux chemins, dont l'un plus à l'ouest conduit à la hauteur boisée, l'autre à l'est suit la rive de la Meuse en passant par une prairie; les deux chemins se réunissent à la petite ligne courbe que forme la Meuse au nord. Le soussigné choisit le chemin le plus court qui était celui qui longe la Meuse.

Voici l'ordre de la marche ordinaire du détachement: d'abord les porteurs de malades, ceux-ci sont suivis des voitures qui, outre la croix rouge sur un champ de 2 pieds de hauteur, portent encore un drapeau pareil. Les hommes avaient à peine fait 150 pas en quittant le bois situé au nord du bourg, qu'un feu de grenades leur fut envoyé des hauteurs de Floing qui étaient encore occupées par l'artillerie française.

Par cette raison je fis passer les voitures devant les hommes pour montrer à l'ennemi quel était le caractère de la colonne, — jusque là une grande partie des voitures se trouvait encore dans le bois; — malgré cela les grenades ne cessèrent pas d'être dirigées contre le détachement pendant sa marche de 1000 pas environ; le nombre des grenades s'éleva de 30 à 40 qui éclataient en partie devant la Meuse, en partie dans la Meuse et en partie au-dessus du détachement.

Il n'y avait pas d'autres troupes entre le détachement et l'ennemi, je n'ai pas remarqué non plus sur la hauteur de troupes auxquelles le feu aurait pu être adressé.

Je fais observer expressément qu'à cette heure le brouillard avait déjà disparu, et que l'air était tellement pur que la croix rouge aurait dû être vue à une distance bien plus grande que celle qu'il y avait entre nous et la forêt.

Le feu se tut seulement, lorsque le détachement avait atteint la ligne courbe que fait la rivière et qu'il échappait ainsi à la vue de l'ennemi.

Je ne puis pas indiquer d'autres cas semblables où le feu ennemi ait été dirigé contre le détachement.

Lu et signé : zu Strohe.
actum ut supra :

d'Alvensleben,
capitaine et chef de compagnie.

Wunsch,
juge-auditeur de division.

Voegelke,
greffier militaire.

15.

Rapport

du 2e détachement sanitaire du 11e corps d'armée sur le feu de grenades qu'il avait reçu dans la bataille de Sedan, le 1er septembre.

Le 1er septembre, le détachement sanitaire no 2 quitta le bivouac de Chevenges et suivit, d'après l'ordre donné, l'arrière-garde de la division.

Après avoir traversé la Meuse vers 7 heures et demie, le détachement reçut les premières grenades en traversant les prairies situées entre Montimont et la rive droite de la Meuse; les grenades ne lui firent cependant pas de mal, parce que la plupart d'elles tombaient à une distance de 100 à 150 pas dans le sol mou de la prairie ou éclataient en l'air.

Sur son lieu de pansement que le détachement avait établi dans deux maisons isolées près St.-Albert, des fortes et nombreuses décharges de grenades lui furent envoyées pour la seconde fois, quoique le drapeau à la croix rouge fut hissé sur le toit et pût être vu à une très grande distance; ce feu ne lui causa cependant pas de pertes en dehors de deux chevaux d'une voiture de transport tués par un éclat de grenade.

zu Strohe,
capitaine et chef.

Imprimerie R. BOLL, Berlin, 16, Georgenstr.

43

9 782013 745567